LV·Buch

Wir lieben das Landleben.

Natürlich kann man die Torte für einen besonders festlichen Anlass einfach in einer guten Konditorei kaufen. Und sie wird perfekt sein, vielleicht zu perfekt. Denn es fehlt die ganz persönliche Note, die besondere Zutat, vielleicht die Lieblingskirschen der Familie. Selbstgebackenes hat eine ganz eigene Qualität. Dazu gehören auch die Freude und der Stolz der Hobby-Bäckerin oder des Hobby-Bäckers über ihre bzw. seine gelungene Torte. Das haben uns die vergangenen 11 Jahre als Fernsehjournalistinnen mit einem Schwerpunkt im Bereich „Backen“ gezeigt.

Vorwor

Ebenso, dass es einfache und schwierige Festtag-Torten gibt, und dass es wie bei fast allem auch hier heißt: Üben, üben, üben …

Auch versierte Heim-Bäckerinnen und -Bäcker, die den Umgang mit Gelatine, flüssiger Schokolade und Biskuitteig gewohnt sind, bereiten eine große Torte nicht „auf den letzten Drücker“ zu. Viele dieser süßen Kunstwerke brauchen sowieso einen zeitlichen Vorlauf, weil der Boden auskühlen, die Creme fest werden oder das ganze Prachtstück durchziehen muss. Das stellt sich am Tag des Festes aber meist als Vorteil heraus, da man genug mit anderen Vorbereitungen zu tun hat, die Torte aber schon seit ein oder zwei Tagen fertig ist. Häufig fehlt nur noch das Garnieren.

Wir wünschen Ihnen viel Spaß beim Experimentieren in der Küche und viel Erfolg bei Ihren Gästen mit der selbst gebackenen Festtag-Torte!

Angelika Gördes-Giesen
und Norma Rehmann

Pfirsich-Eistee-Torte S. 70

Mousse-au-chocolat-Torte S. 64

Festtag-Torten

Leckere
Mit süßen

Sympathische Gäste und ein Traum von Torte, dann kann auf der Familienfeier eigentlich nichts mehr schiefgehen. Zugegeben: Die süßen Wunderwerke selbst herzustellen ist aufwändiger, als einen einfachen Marmorkuchen zu rühren. Aber es lohnt sich, selbstbewusst ans große Tortenbacken zu gehen und sich auf Experimente in der Küche einzulassen. Wenn die Gäste ins Schwärmen geraten, weil jedes Stück Torte ein Hochgenuss ist, der auf der Zunge zergeht, ist der Aufwand vergessen. Oder man hat eine wirklich gute Geschichte über das Backabenteuer aus der Küche zu erzählen.
Viele der Rezepte in diesem Buch sind durch ebendiese Experimentierfreude entstanden, von Profis und auch von Hobby-Backkünstlern und -künstlerinnen. Deshalb finden Sie in dieser Rezeptsammlung viele praktische und küchentaugliche Anregungen, die überraschen. Und für jeden Anlass die passende Torte: für die Hochzeitstafel ebenso wie für das Gartenfest. Mit den opulenten Hinguckern kann man glänzen und vielleicht

Festtag-Torten: Kunstwerken glänzen

auch ein ganz kleines bisschen angeben. Es ist erstaunlich, was sich aus Eiern, Mehl, Sahne, Marzipan und Früchten alles zaubern lässt ...

MIT EINFACHEN IDEEN TORTEN-KLASSIKER EFFEKTVOLL VEREDELN

Effektvoller als neue Rezeptideen aus der Stern gekrönten Pâtisserie (und einfacher herzustellen!) sind manches Mal Klassiker mit Aha-Effekt. Wie zum Beispiel die einfache „Käsetorte Goldtröpfchen": Indem man die fertig gebackene, noch heiße Torte mit einem Zahnstocher mehrmals einsticht, erscheinen auf ihrer Oberfläche kleine goldfarbige Tröpfchen.

Für viele Torten gilt: Nicht alles muss neu oder außergewöhnlich sein, es genügt oft, nur einige wenige Details effektvoll einmal anders zu gestalten: zum Beispiel Standard-Böden mit etwas Besonderem zu belegen oder zu füllen. Oder ungewöhnliche Kuchenformen zu benutzen wie Einmachgläschen statt Springformen oder rechteckige „Tortenringe" statt flacher Bleche. Oder ab und zu ein paar extravagante Zutaten zu wählen, wie zum Beispiel kandierte Blüten oder hauchdünnes Bäcker-Blattgold.

Eine weitere Variante: Überraschen Sie Ihre Gäste einmal mit einem Deko-Kuchenbuffet. Statt formvollendet die Torte zu servieren, kann jeder sein Stück Torte selbst festlich dekorieren, mit dem klassischen Schlag Sahne oder mit extravagantem Rosmarin-Krokant, mit Zuckernestern aus hauchdünnen Zuckerfäden oder mit Schokolocken.

SO EINFACH GEHT'S: SCHOKOLOCKEN UND ZUCKERNESTER

Für die Schokolocken einen breiten Streifen verflüssigter Bitterschokolade auf ein Pergamentpapier streichen, das Ganze um einen dicken Löffel rollen, trocknen lassen und vorsichtig abziehen. Hauchfein und fast ohne Kalorien.

Für die Zuckernester Zucker in einem Topf stark erhitzen, bis er schmilzt und sich leicht goldgelb färbt. Mit einem Schneebesen dünne Fäden daraus ziehen, diese über die Rundung einer großen, gut gekühlten Suppenkelle ziehen und daran erkalten lassen. Vorsichtig abnehmen und auf einen Teller legen, so erhält man halb offene Zuckernester, die man füllen kann.

ZUTATEN

FÜR DEN MÜRBETEIG:
50 g Puderzucker
100 g Butter, 150 g Mehl

FÜR DEN HELLEN BISKUIT:
6 Eier, 170 g Zucker,
5 EL heißes Wasser
1 Prise Salz, 100 g Mehl
75 g Speisestärke

FÜR DEN DUNKLEN BISKUIT:
6 Eier, 170 g Zucker
5 EL heißes Wasse
1 Prise Salz, 100 g Mehl
75 g Speisestärke
10 g Kakaopulver
4 EL Aprikosenkonfitüre
4 EL Amaretto

FÜR DIE KARAMELLCREME:
375 ml Sahne
2 EL fertige Karamellsauce aus der Flasche
3 Blatt Gelatine
3 EL heißes Wasser

FÜR DIE AMARETTOCREME:
375 ml Sahne
1 P. Vanillezucker
2 cl Amaretto
1 geh. EL Pulverkaffee
3 Blatt Gelatine
3 EL heißes Wasser

FÜR DIE DEKORATION:
250 ml Sahne
14 Amarettini
5 EL Haselnusskrokant
2 EL Karamellsauce

Amaretto-

Karamell-Torte

Amaretto-

ZUBEREITUNG

MÜRBETEIG: Zutaten mit dem Handmixer verrühren, dann von Hand zu einem glatten Teig verkneten. Zu einer glatten Kugel formen, in Folie wickeln und ca. 30 Minuten in den Kühlschrank legen. Auf einer bemehlten Arbeitsplatte ausrollen und in eine gefettete Springform (28 cm Ø) drücken. Im vorgeheizten Ofen bei 175 °C Umluft ca. 15–20 Min. goldgelb backen.

HELLER BISKUIT: Eier trennen. Eigelb mit heißem Wasser, Zucker und Salz zu einer hellen, cremigen Masse rühren. Mehl und Speisestärke unterheben. Das Eiweiß zu festem Eischnee schlagen und kurz unterziehen. Teig in eine mit Backpapier ausgelegte Springform (26 cm Ø) gießen und bei gleicher Backtemperatur wie oben ca. 20–25 Min. goldbraun backen.

DUNKLER BISKUIT: Ebenso verfahren. Dabei das Kakaopulver mit Mehl und Speisestärke zusammen unter die Ei-Masse geben. Wenn die Böden ausge-

Karamell-Torte

kühlt sind, den Mürbeteigboden auf eine Servierplatte geben und mit der Aprikosenkonfitüre bestreichen. Den hellen und dunklen Biskuit jeweils 2-mal waagerecht durchschneiden. Vom dunklen Biskuit wird eine Scheibe benötigt, vom hellen Biskuit 2. Die 3 Scheiben am besten auf 3 Tortenuntersetzer aus Pappe verteilen. Die restlichen Biskuitscheiben einfrieren und für ein anderes Rezept verwenden. Aus einer der hellen Biskuitscheiben und aus der dunklen Biskuitscheibe jeweils einen Kreis von 16–18 cm Ø ausstechen (z. B. mit einem Topfdeckel). Den dunklen Kreis in das Loch im hellen Biskuit einsetzen und umgekehrt, so dass 2 schwarzweiße Tortenböden entstehen. Den ersten von ihnen möglichst mittig auf den Mürbeteigboden setzen. Einen Tortenring von 28 cm Ø darum legen, so dass um die Biskuitschicht ein kleiner Rand frei bleibt. Den Biskuit mit 2 EL Amaretto beträufeln.

KARAMELLCREME: Gelatine nach Packungsanweisung einweichen, die Sahne steif schlagen. Etwa 100 ml Wasser erhitzen. Die Karamellsauce zur Sahne gießen. Gelatine ausdrücken, in 3 EL heißem Wasser unter Rühren auflösen und ebenfalls zur Sahne gießen. Alles mit dem Schneebesen unterziehen. Creme gleichmäßig auf dem Biskuit verteilen und den nächsten schwarzweißen Boden auflegen. Wie oben mit Amaretto beträufeln.

AMARETTOCREME: Pulverkaffee unter Rühren im Amaretto auflösen. Sahne steif schlagen, mit der Gelatine verfahren wie oben. Die Amaretto-Kaffee-Mischung, Vanillezucker und aufgelöste Gelatine unter die Sahne ziehen. Die Creme auf den schwarzweißen Boden geben. Dann die zweite helle Scheibe Biskuit auflegen.

FERTIGSTELLUNG: Torte 4–5 Std. in den Kühlschrank stellen. Danach Tortenring lösen und die Torte rundherum und oben mit geschlagener Sahne einstreichen. Den Rand dick mit Krokant bestreuen. Auf der Oberfläche 14 Stücke markieren. Auf jedes Stück am Rand einen Sahnetupfer spritzen und mit einem Amarettino dekorieren. Die Mitte mit einem kleinen Sahnekreis (ca. 4–5 cm Ø) verzieren und 2 EL Karamellsauce hineingießen.

Aprikosen-

ZUTATEN

FÜR DEN BISKUITTEIG:

5 Eier
5 EL kaltes Wasser
250 g Zucker
100 g Mandeln oder Haselnüsse, gemahlen
120 g Mehl
30 g dunkles Kakaopulver
1 TL Backpulver

FÜR DIE FÜLLUNG:

12 EL Amaretto zum Beträufeln der Böden
1 Dose Aprikosen (Abtropfgewicht 500 g)
375 g Mascarpone
500 g Naturjoghurt fettarm
230 g Zucker
1 P. Vanillezucker
5 cl Amaretto
2 P. gemahlene weiße Gelatine (oder 12 Blatt Gelatine)

FÜR DIE DEKORATION:

600 ml Sahne
3 EL Zucker
3 P. Sahnesteif
12 Schoko-Blättchen
jeweils 2 Schokotropfen pro Stück für die seitliche Dekoration
ca. 3 – 4 EL fertige Schokoladensauce
2 – 3 EL Pistazienkerne

Mascarpone-Torte

Aprikosen-

ZUBEREITUNG

BISKUITTEIG: Eier trennen. Eiweiß und kaltes Wasser zu steifem Eischnee schlagen. In einer separaten Schüssel Eigelb mit Zucker zu einer hellen, cremigen Masse aufschlagen. Den Eischnee unterheben. Mehl mit Kakao- und Backpulver mischen, über die Masse sieben und unterziehen. Gemahlene Mandeln (Haselnüsse) vorsichtig einarbeiten. Den Teig in eine nur am Boden gefettete Springform (28 cm Ø) geben.

BACKZEIT: ca. 30–35 Min. bei 170 °C Umluft, Ober- und Unterhitze: 185 °C (Backofen vorheizen). Den auf einem Kuchengitter abgekühlten Biskuitboden in 3 Lagen schneiden. Die unterste Lage auf eine Tortenplatte legen und einen Tortenring darum spannen. Diesen Tortenboden mit 6 EL Amaretto beträufeln.

FÜLLUNG: Drei der Aprikosenhälften für die Dekoration zur Seite legen, den Rest abtropfen lassen (Saft anderweitig verwenden). Aprikosen pürieren und die Hälfte der Masse auf dem Torten-

Mascarpone-Torte

boden verteilen (ca. 1 cm Rand lassen). Mascarpone, Joghurt, Zucker, Vanillezucker und Amaretto verrühren. Die Gelatine in Wasser quellen lassen und durch vorsichtiges Erwärmen auflösen (Blattgelatine vorher ausdrücken). Sie darf nicht kochen. Dann 3 EL Mascarponecreme mit dem Schneebesen in die Gelatine einrühren, damit sie etwas abkühlt. Diese Masse in die restliche Mascarponecreme einrühren. Die Creme für etwa 5 – 10 Min. in den Kühlschrank stellen, bis sie anfängt zu gelieren (zwischendurch kontrollieren).

FERTIGSTELLUNG: Die Hälfte der gelierten Mascarponecreme auf die Aprikosen geben. Dabei erst den Rand und dann die Mitte mit der Creme ausgießen, damit das Aprikosenpüree nicht an den Rand gedrückt wird. Die Oberfläche glatt streichen. Den nächsten Tortenboden auflegen, mit dem restlichen Amaretto beträufeln, mit dem Rest des Aprikosenpürees und der Creme verfahren wie vorher. Den obersten Boden auflegen und die Torte für 3 – 4 Std. (besser über Nacht) im Kühlschrank fest werden lassen.

DEKORATION: Sahne mit Zucker und Sahnesteif schlagen und die 3 Aprikosenhälften in längliche Schnitze schneiden (für jedes Stück einen). Tortenring lösen und die Torte rundherum und oben mit der Sahne bestreichen. Für jedes Stück oben auf den Tortenrand einen Sahnetupfen setzen. Unterhalb der Sahnetupfer ein Schokoblatt stecken und mit Pistazienkernen verzieren. Um jeden Sahnetupfer seitlich einen Aprikosenstreifen legen. Jeweils 2 Schokotropfen übereinander außen auf die Seite der Torte setzen, immer unterhalb der Sahnetupfer. Darüber, dazwischen und darunter einen kleinen Sahnetupfen setzen. Pistazienkerne unten an den Rand der Torte legen und vorsichtig andrücken. Zum Schluss die fertige Schokosauce in die Mitte gießen und mit einem Holzstäbchen ein Muster in die Tortenoberfläche ziehen.

Baisertorte mit

ZUTATEN

FÜR DIE FÜLLUNG:

125 ml trockener Weißwein
4 geh. TL Speisestärke
Saft und Abrieb von
2 ungespritzten Zitronen
(5 EL Saft)
80 g Zucker
500 ml Sahne
1 TL Zucker
2 P. Sahnesteif

FÜR DIE BEIDEN BÖDEN:

4 Eigelb
125 g Butter
(oder Margarine)
1 P. Vanillinzucker
125 g Mehl
1 gestr. TL Backpulver
4 EL Wasser

FÜR DIE BAISERMASSE:

4 Eiweiß
1 Prise Salz
200 g Zucker
2 EL Mandelblättchen

Zitronen-Weißwein-Creme

Baisertorte mit

ZUBEREITUNG

FÜLLUNG: Für den Zitronen-Weißwein-Pudding die Hälfte des Weißweins mit der Speisestärke glatt rühren. Restlichen Weißwein mit Zitronensaft, Zucker und dem Zitronenabrieb in einem Topf aufkochen lassen. Die Speisestärke-Mischung mit einem Schneebesen einrühren und unter Rühren noch ca. 2 Min. weiterkochen lassen, damit der Stärkegeschmack gemildert wird. Topf vom Herd nehmen und den heißen Pudding sofort mit Klarsichtfolie bedecken, damit sich keine Haut bildet.

TIPP: *Wenn der Pudding nach dem Erkalten zu starr geworden ist, mit etwas Weißwein glatt rühren. Am besten schmeckt die Torte, wenn sie mehrere Stunden im Kühlschrank durchgezogen ist.*

Zitronen-Weißwein-Creme

BÖDEN: Eigelb mit Vanillinzucker schaumig schlagen. Fett hinzufügen und verrühren. Mehl und Backpulver mischen und nach und nach unter den Teig rühren. Zwischendurch das Wasser dazugeben.

BAISERMASSE: Eiweiß mit Salz zu Eischnee schlagen. Wenn das Eiweiß schon etwas steif ist, den Zucker in 3 Partien hinzufügen.

FERTIGSTELLUNG 1: Den Rührteig glatt auf 2 gefetteten Springformböden (je 26 cm Ø) verstreichen. Dazu den Spatel immer wieder in kaltes Wasser tauchen, damit der Teig nicht daran kleben bleibt. Die Ringe um die Springformböden setzen, jeweils eine Hälfte der Baisermasse auf den Böden verteilen. Dabei zum Schluss die Masse mit dem Spatel etwas hochzupfen, die Oberfläche der Böden soll nicht glatt sein. Mandeln darüber streuen.

BACKZEIT: bei 150 °C Umluft ca. 30–40 Min. Bei Ober- und Unterhitze 175 °C, Böden dann einzeln backen. Auskühlen lassen.

FERTIGSTELLUNG 2: Sahne mit Zucker und Sahnesteif steif schlagen. Die Hälfte der Menge mit einem Schneebesen mit dem Pudding zu einer glatten Masse verrühren. Die 2. Hälfte vorsichtig mit dem Gummischaber unterheben. Zwei Drittel dieser Creme auf dem unteren Baiserboden verstreichen, den anderen Boden darauf setzen und die Seiten mit der restlichen Creme bedecken.

ZUTATEN

FÜR DEN TEIG:

125 g Butter oder Margarine
125 g Zucker
1 P. Vanillinzucker, 2 Eier
50 ml Milch, 200 g Mehl
1 TL Backpulver
1 Tafel Joghurtschokolade mit Beeren oder Roter Grütze

FÜR BELAG UND DEKORATION:

12 Blatt Gelatine
1 Zitrone
125 g Zucker
500 ml Dickmilch
500 g Beeren der Saison (oder TK-Beeren, z. B. Himbeeren)
500 ml Sahne
50 g Pistazien

Beeren-Dickmilch-Torte

ZUBEREITUNG

TEIG: Fett, Zucker, Vanillinzucker schaumig rühren, Eier und Milch hinzufügen. Schokolade klein hacken. Dann Mehl, Backpulver und Schokolade unterheben und gut durchrühren. Den Teig in eine gefettete Springform (26 cm Ø) geben.

BACKZEIT: Umluft bei 175 °C 30 Min. (Ober- und Unterhitze ca. 5 – 10 Min. länger)

BELAG: Gelatine in etwas Wasser einweichen. Zitrone auspressen, Saft mit dem Zucker erhitzen, Gelatine darin auflösen. Dickmilch einrühren und ca. 20 Min. gelieren lassen. 250 ml Sahne steif schlagen. Beeren unterheben (einige für die Dekoration aufheben) und vorsichtig mit der Dickmilchmasse verrühren.

FERTIGSTELLUNG/DEKORATION: Den abgebackenen Boden so durchschneiden, dass ein dickerer und ein dünnerer Boden entstehen. Ersteren in eine Springform legen, Beerendickmilchmasse darauf streichen, mit dem dünneren Boden abdecken und mind. 2 Std. kalt stellen. Torte aus dem Kühlschrank nehmen und aus der Springform lösen. Die restliche Sahne steif schlagen und die Torte damit bestreichen. Mit Sahnetupfern, Beeren und Pistazien garnieren.

Beeren-Dickmilch-Torte

Beeren-Eierlikör-Torte

ZUTATEN

FÜR DEN SCHOKONUSSBODEN:

80 g Butter/Margarine
80 g Zucker
5 Eier
1 P. Vanillezucker
1 P. Backpulver
200 g Mandeln, gehobelt
100 g dunkle Schokolade, geraspelt
2 EL Weinbrand
2 EL brauner Rum

FÜR DIE FÜLLUNG:

800 g Beerenmischung, z. B. Himbeeren, Heidelbeeren und Erdbeeren (frisch oder TK)
60 – 80 g Zucker
½ l Sahne
12 Blatt Gelatine
¼ l Eierlikör

Beeren-Eierlikör-Torte

ZUBEREITUNG

BODEN: Eier trennen, Eigelb mit Zucker schaumig schlagen. Butter bzw. Margarine zugeben und verrühren. Mandeln und Schoko-Raspeln einstreuen, dann die übrigen Zutaten nach und nach dazugeben und gut vermischen. Eine Springform (28 cm Ø) mit Backpapier auslegen und den Teig einfüllen.

BACKZEIT: 50 Min. bei 160 – 170 °C Umluft (Ober- und Unterhitze 5 – 10 Min. länger)

FÜLLUNG/FERTIGSTELLUNG: Frische Beeren waschen, TK-Beeren auftauen. Einige für die Dekoration zurückbehalten. Um den erkalteten Boden einen Tortenring legen, Beeren mit Zucker vermischen und unter die geschlagene Sahne heben (etwas Sahne zurückbehalten). Gelatine einweichen, gut ausdrücken und erwärmen. Flüssige Gelatine langsam in die Beeren-Sahne-Mischung einrühren. Die Masse auf dem Boden platzieren, glatt streichen und ca. 1 – 2 Std. kalt stellen. Dann mit Eierlikör übergießen und mit Sahnetupfern und Beeren dekorieren.

TIPP: *Den Eierlikör mit etwas Gelatine andicken und erst dann auftragen. So wird der Eierlikör auch im Sommer steif und läuft nicht an den Tortenseiten herunter.*

ZUTATEN

FÜR DEN TEIG:
5 Eier
150 g Zucker
200 g Mehl
2 TL Backpulver
70 ml Sonnenblumenöl

FÜR DIE CREME:
750 g Rhabarber (frisch, TK oder Kompott aus dem Glas)
200 g Zucker
1/8 l Wasser
3 EL Vanillepuddingpulver zum Kochen
8 Blatt rote Gelatine
4 Blatt weiße Gelatine
4 TL Vanillinzucker
2 Becher Schmand (à 200 g)

FÜR DIE DEKORATION:
500 ml Sahne
¼ l Eierlikör
Schokoplättchen

Cremige Rhabarbertorte

ZUBEREITUNG

BISKUITTEIG: Eier mit Zucker schaumig schlagen, dann die weiteren Zutaten dazugeben und alles gut verrühren. In eine gefettete Springform geben (28 cm Ø).

BACKZEIT: ca. 25 Min. bei 175 – 180 °C im Umluftherd. Bei Ober- und Unterhitze etwas länger. Boden auskühlen lassen. (Wer dünne Böden liebt, kann ihn halbieren und den zweiten Teil einfrieren.)

CREME: Rhabarberstangen dünn schälen, in kleine Stücke schneiden und mit Zucker aufkochen. Die Flüssigkeit abgießen, mit dem Vanillepudding verrühren und das verbleibende Mus damit andicken. Gelatine einweichen, ausdrücken und ins heiße Mus geben. Masse erkalten lassen, Vanillinzucker mit dem Schmand verrühren und Rhabarbermus dazugeben.

FERTIGSTELLUNG: Biskuitboden in einen Tortenring einlegen, die Creme darauf verteilen und 4 – 6 Std. im Kühlschrank steif werden lassen. Dann den Tortenring entfernen.

DEKORATION: Sahne schlagen und den Eierlikör darunter ziehen. Kurz vor dem Servieren auf die Torte geben und nach Belieben verzieren: z. B mit Schokoplättchen, Sahnetupfern oder Eierlikörtropfen.

Cremige Rhabarbertorte

Erdbeertorte

ZUTATEN

FÜR BODEN UND RAND:

300 g Löffelbiskuits
150 g Halbfettmargarine
½ Päckchen Sahnesteif

FÜR DIE FÜLLUNG:

750 g Magerquark
600 g Erdbeeren
100 g Erdbeerkonfitüre (ohne Zucker, z. B. aus dem Bioladen)
3 EL Vanillinzucker
6 Blatt weiße Gelatine
3 EL Kokosraspel
1 – 2 TL Honig
Abrieb von 1 unbeh. Zitrone

FÜR DIE DEKORATION:

10 Erdbeeren
1 EL Kokosraspel
etwas Zitronenmelisse

Erdbeertorte

ZUBEREITUNG

ERSTE ARBEITSSCHRITTE:
Erdbeeren waschen, putzen und in Scheiben schneiden. 200 g Löffelbiskuits in einen Gefrierbeutel füllen und Beutel verschließen. Mit Nudelholz oder Flasche Biskuits feinkrümelig zerkleinern.

BODEN/RAND: Margarine flüssig werden lassen, die Löffelbiskuit-Brösel in eine Rührschüssel geben. Flüssige Margarine erst mit dem Mixer, dann mit den Händen mit den Bröseln verkneten. Den Rand einer Springform (26 cm Ø) auf eine Kuchenplatte setzen. Den Boden mit der Löffelbiskuitmasse gleichmäßig bedecken, gut andrücken. Restliche Löffelbiskuits halbieren (geht gut mit einer scharfen Schere) und innen hochkant dicht an dicht an den Springformrand stellen, so dass ein Rand aus Löffelbiskuits entsteht. Sahnesteif dünn und gleichmäßig über den Teigboden in der Form verteilen, damit er nicht durchnässt.

FÜLLUNG: Blattgelatine nach Packungsanweisung einweichen. Quark mit Vanillinzucker, Honig, Zitronenabrieb und Kokosraspeln vermischen. Eingeweichte Gelatine ausdrücken und vorsichtig erhitzen, bis sie sich aufgelöst hat. Erdbeerkonfitüre unter Rühren zur Gelatine geben und diese Mischung mit dem Mixer unter die Quarkmasse ziehen.

FERTIGSTELLUNG/DEKORATION:
Eine dünne Schicht der Quarkmasse gleichmäßig auf dem Löffelbiskuitboden verteilen, darauf eine dichte Lage Erd-

beerscheiben setzen. Wieder eine Quarkschicht auftragen und mit einer Erdbeerschicht bedecken. Die nächste und oberste Schicht bildet die Quarkmasse. Die Torte ca. 4 Std. in den Kühlschrank stellen, damit die Quarkmasse ganz fest werden kann. Die Torte vor dem Servieren mit Erdbeeren, Kokosraspeln und Zitronenmelisse garnieren.

Herbsttorte mit Dahlienlikör

ZUTATEN

FÜR DEN MÜRBETEIGBODEN:

150 g Mehl
100 g Margarine
50 g Zucker
1 Eigelb
1 Prise Salz
2 EL Sektgelee, mit Dahlienlikör abgeschmeckt

FÜR DEN BISKUITTEIG:

5 Eier
110 g Zucker
50 g Marzipanrohmasse
6 EL heißes Wasser
110 g Mehl
2 EL Sektgelee (wie oben)

FÜR DIE WEINCREME:

6 Blatt Gelatine
1/8 l Weißwein (trocken)
100 g Zucker
2 Eier
80 ml Dahlienlikör
500 ml Sahne

FÜR DIE DEKORATION:

400 ml Sahne
Sektgelee
gezuckerte/frische Dahlienblütenblätter

Herbsttorte mit Dahlienlikör

ZUBEREITUNG

MÜRBETEIGBODEN:
Alle Zutaten außer dem Gelee zu einem Teig verkneten, ausrollen und in einer Springform (26 cm Ø) backen.

BACKZEIT 1: 10–12 Min. bei 200 °C im Umluftofen, bei Ober- und Unterhitze ca. 5 Min. länger. Den Boden erkalten lassen.

BISKUITTEIG:
Eier trennen. Eiweiß mit der Hälfte des Zuckers steif schlagen, Eigelb mit dem restlichen Zucker schaumig schlagen. Marzipan mit dem heißen Wasser glatt rühren. Eiweiß- und Eigelbschaum und Marzipan zusammengeben, das Mehl darauf sieben und mit Spatel oder Schneebesen vorsichtig vermengen. Den Biskuitteig auf ein mit Backpapier ausgelegtes Blech streichen.

BACKZEIT 2: 10 Min. bei 210 °C. Biskuitplatte auf ein mit Zucker ausgestreutes Tuch stürzen und erkalten lassen.

WEINCREME:
Gelatine in kaltem Wasser einweichen, Weißwein mit Zucker kurz aufkochen. Eier aufschlagen und trennen, Eigelbe vorsichtig zunächst mit 2 EL des heißen Weißweins vermischen, in den restlichen Wein geben und die ausgedrückte Gelatine einrühren. Anschließend Dahlienlikör mit der Masse vermischen und ca. 30 Min. erkalten lassen, bis die Creme anfängt zu gelieren. Zum Schluss die Sahne steif schlagen und unterheben.

TIPP: *Statt Dahlienlikör geht auch Quittenlikör. Statt Sektgelee mit Dahlienlikör klappt es auch mit reinem Sekt-, Wein- oder Quittengelee.*

FERTIGSTELLUNG:
Beide Böden mit Gelee bestreichen. Den Biskuitboden in 5 cm breite Streifen schneiden. Die geschnittene Biskuitplatte mit der Füllung bestreichen. Den Mürbeteigboden auf eine (am besten drehbare) Tortenplatte geben. Den 1. Streifen der Biskuitrolle zu einer Schnecke formen und in die Mitte des Mürbeteigbodens setzen. Die übrigen Streifen nach und nach ansetzen und darum herumrollen. Wenn der Mürbeteigboden ganz bedeckt ist, einen Ring um die Torte legen und 2–3 Std. kühl stellen.

DEKORATION:
Die Sahne für die Dekoration steif schlagen, den Tortenring abnehmen und Torte ringsum mit der Sahne bestreichen. Zum Schluss mit Gelee und gezuckerten oder frischen Dahlienblütenblättern verzieren.

Himmelstorte mit

Marzipan

ZUTATEN

FÜR DEN RÜHRTEIG:

250 g zimmerwarme Butter
250 g Zucker
1 P. Vanillinzucker
6 Eier
150 g Mehl
100 g Speisestärke
1 TL Backpulver
1 Prise Salz
3 EL Rum

FÜR FÜLLUNG UND BELAG:

200 g Marzipanrohmasse
450 g Aprikosenkonfitüre
4 EL Kirschwasser
250 g Sahne
125 g Mandeln
(grob zerkleinert und
angeröstet)

Himmelstorte mit

ZUBEREITUNG

RÜHRTEIGBÖDEN (8): Butter glatt rühren, Zucker und Vanillinzucker zugeben und so lange rühren, bis der Zucker sich aufgelöst hat. Eier nacheinander darunter schlagen. Mehl, Speisestärke, Backpulver und Salz vermischen und löffelweise zur Masse geben, dann den Rum unterziehen.
Aus Backpapier 2 Kreise passend zu 2 Springformböden (26 cm Ø) ausschneiden. Das Papier auf der Unterseite etwas mit Butter einpinseln, so dass es an den Springformböden leicht haftet.

BACKEN: Den Backofen auf 200 °C Ober- und Unterhitze vorheizen und für den ersten Tortenboden 2,5 EL Teig dünn auf den ersten, mit Papier ausgelegten Springformboden streichen. Diesen ersten Boden 7 – 8 Min. backen. Währenddessen den 2. Springformboden ebenso bestreichen wie den ersten und backen, wenn der erste fertig ist. Den jeweiligen gebackenen Boden zum Abkühlen vorsichtig vom Blech lösen,

Marzipan

aber das Papier für den nächsten darauf belassen. Evtl. zwischendurch die Oberfläche des Papiers auch mit etwas Butter bestreichen. So mit allen 8 Böden verfahren. Bleibt genug Teig für einen 9. Boden übrig, backen Sie diesen genau so. Alle Böden auskühlen lassen (geht schnell, weil sie so dünn sind).

FÜLLUNG/FERTIGSTELLUNG: Marzipan in kleine Stücke brechen und mit Aprikosenkonfitüre und Kirschwasser pürieren. Den untersten Tortenboden auf eine Servierplatte setzen und mit etwa 2 EL der Masse gleichmäßig bestreichen. Den nächsten Boden aufsetzen und weiter so verfahren, bis alle Böden verwendet sind. Den obersten Boden nicht mehr mit der Aprikosenmasse bestreichen. Die Torte in Zellophanpapier einschlagen und für 2 Tage kühl stellen. Erst kurz vor dem Servieren die Sahne sehr steif schlagen. Die Torte rundherum und oben mit der Sahne bedecken und mit Mandeln verzieren.

Hochzeitstorte

ZUTATEN

FÜR DEN TEIG:

1000 g Mehl
2 P. Backpulver
700 g Margarine
700 g Zucker
12 Eier (Größe L)

FÜR DIE FÜLLUNG:

600 g Marzipan
180 g gesiebter Puderzucker
12 cl Cointreau
900 g Mandarinen-Orangen aus der Dose oder Orangenfilets
300 ml Orangensaft
6 EL Zitronensaft

FÜR DIE HELLE GLASUR:

500 g gesiebter Puderzucker
250 g Glukosesirup oder Agavendicksaft
150 g Palm- oder Erdnussfett (kein hartes Plattenfett)
2 Eiweiß
50 – 100 g Speisestärke

FÜR DIE DEKORATION:

20 – 25 Rosenblüten (ungespritzt) oder ersatzweise Marzipanrosen
100 – 150 g Zucker
2 – 4 Eiweiß

Hochzeitstorte

ZUBEREITUNG

RÜHRTEIG: Mehl und Backpulver in eine große Schüssel sieben. Margarine und Zucker mit dem Mixer leicht schaumig schlagen. Nach und nach die Eier im Wechsel mit Mehl dazugeben. Teig gleichmäßig in 3 gefettete Springformen (16, 22, 28 cm Ø) füllen.

BACKZEIT: im vorgeheizten Backofen 1 Std. bei 160 °C. Mit Holzstäbchen eine Garprobe machen. Aus den Formen nehmen, erkalten lassen (jeder Boden sollte ca. 5 – 6 cm hoch sein). Böden jeweils 1-mal teilen. Die Trennstelle mit einem Messer markieren. Zwirnsfaden in die Kerbe legen, zusammenziehen. (Mit dem Messer funktioniert das Teilen auch).

FÜLLUNG: Marzipan sehr klein schneiden. Mit Puderzucker und Cointreau zu einer glatten Masse verrühren. Orangen- und Zitronensaft mit dem Mixer langsam zur Marzipanmasse geben. Die jeweils untere Tortenboden-Hälfte mit Marzipanmasse bestreichen und mit den Orangenfilets belegen. Die Ränder und Mitte frei lassen. Die obere Hälfte wieder auflegen, leicht andrücken.

FERTIGSTELLUNG: Für die Glasur Puderzucker, Agavendicksaft, Palmfett und ein Eiweiß langsam verrühren. Speisestärke auf die Arbeitsplatte streuen und die elastische Zuckermasse mit der Hand kneten. Vorsichtig ausrollen und über die Tortenböden legen. Einfacher geht's mit einem kurzen Besenstiel. Damit das klappt, die vorsichtig ausgerollte Überzugmasse auf einen langen Holzlöffelstiel aufrollen und über den Böden wieder abrollen. Sollte die Masse zu weich sein, diese einfach über die Böden streichen. Dann die bezogenen Böden vorsichtig aufeinandersetzen.

DEKORATION: Rosenblüten waschen. Die besten und unbeschädigten Rosenblätter abzupfen. Eiweiß verrühren und die Blüten bzw. Blütenblätter damit bepinseln. In Zucker wälzen oder den Zucker darüber streuen. Rosen trocknen lassen, diesen Vorgang 1- oder 2-mal wiederholen. Dafür braucht man 2 oder 3 Tage Zeit. Die Rosenblätter müssen einzeln und kühl gelagert werden. Die Torte kühl stellen und erst kurz vor dem Servieren verzieren. So bleiben die echten Rosen frisch.

TIPP: *Man kann die Torte statt mit heller Glasur auch mit 250–300 g dunkler Kuvertüre überziehen.*

Italienischer Erdbeer

zauber

ZUTATEN

FÜR DEN MÜRBETEIG:

125 g Mehl
60 g Butter
30 g Zucker
1 Ei
50 g Erdbeerkonfitüre

FÜR DEN BISKUITTEIG:

4 Eier
150 – 200 g Zucker
150 g Marzipanrohmasse
2 EL Wasser
200 g Mehl
½ TL Backpulver

FÜR FÜLLUNG 1:

250 g Sahne
500 g Mascarpone
1 EL Puderzucker
1 – 2 EL Zitronenmelissen-Likör (oder anderer Likör nach Geschmack)

FÜR FÜLLUNG 2:

250 g Erdbeeren
250 g Fruchtzauber (oder selbstgemachtes Erdbeerpüree)
100 ml Wasser
500 g Sahne
1 Beutel Sofortgelatine

FÜR DIE DEKORATION:

200 g Sahne
250 g Erdbeeren
1 Bd. Zitronenmelisse
Dekorschnee

Italienischer Erdbeer

ZUBEREITUNG

MÜRBETEIG: Alle Zutaten (außer der Konfitüre) rasch verkneten. 20 Min. kalt stellen, dünn ausrollen und in einer Springform (26 cm Ø) 10–15 Min. bei 200 °C (Umluft: 180 °C) backen.

BISKUITTEIG: Eier mit Zucker schaumig schlagen. Marzipan mit dem Wasser kurz in der Mikrowelle erwärmen und zu einem Brei verrühren; abkühlen lassen. Mehl und Backpulver mischen, über die Eimasse geben und unterheben. Die Marzipanmasse vorsichtig unterrühren. Teig in eine Springform geben und im vorgeheizten Backofen ca. 15–20 Min. bei 200 °C (Umluft:180 °C) backen.

FÜLLUNG 1: Die Sahne schlagen und alle Zutaten gut miteinander verrühren.

FÜLLUNG 2: Erdbeeren waschen, entstielen und halbieren. Den Fruchtzauber mit Wasser anrühren, die Sofortgelatine dazugeben und wieder umrühren; je nach Geschmack noch ein paar kleine Erdbeerstückchen hinzufügen. Sahne schlagen und unterheben. Alternative zum Fruchtzauber: 200–300 g Erdbeeren pürieren und mit Gelatine gut andicken, damit die Torte nicht zu sehr durchfeuchtet.

zauber

FERTIGSTELLUNG: Biskuitboden 2-mal durchschneiden. Mürbeteigboden mit der Erdbeerkonfitüre bestreichen, einen Biskuitboden auflegen und einen Tortenring darum spannen (ca. 2 cm mehr Durchmesser). Füllung 1 darauf verteilen und den 2. Biskuitboden auflegen. Die Erdbeerhälften als Garnitur entlang des Tortenrings aufrecht an den Rand setzen und fest andrücken. Den restlichen Boden mit der Füllung 2 bestreichen. 1 Std. kühl stellen. Die Torte aus dem Ring lösen, Sahne schlagen. Mit 16 Sahnetupfern verzieren und den 3. Biskuitboden in 16 Tortenstücke teilen.

DEKORATION: Die Torte in die gewünschte Stückzahl schneiden und auf jedes Stück einen Sahnetupfer setzen. Mit Erdbeeren, Zitronenmelissenblättern und Dekorschnee oder Puderzucker verzieren. Die Torte schmeckt am besten gut gekühlt.

Käsetorte „Goldtröpfchen“

ZUTATEN

FÜR DEN TEIG:
75 g Butter
75 g Zucker
1 Ei
200 g Mehl
1 TL Backpulver

FÜR DIE FÜLLUNG:
3 Eigelb
750 g Magerquark
150 g Zucker
1 P. Vanillinzucker
1 ½ P. Sahnepudding zum Kochen
Saft von 1 Zitrone
150 ml Sonnenblumenöl
½ l Milch

FÜR DIE BAISERMASSE:
3 Eiweiß
100 g Zucker

Käsetorte „Goldtröpfchen"

ZUBEREITUNG

MÜRBETEIG: Butter in Stücke schneiden und mit den übrigen Zutaten verkneten. Zu einer Kugel formen und eine halbe Stunde im Kühlschrank erkalten lassen.

FÜLLUNG: Eigelbe mit Quark, Zucker, Vanillinzucker, Puddingpulver, Zitronensaft und Öl verrühren. Dann die Milch langsam unterrühren, bis eine flüssige Masse entsteht. Eine Springform (26 cm Ø) fetten, mit dem Mürbeteig auslegen. Teig dabei gut andrücken und an den Wänden der Springform hochziehen. Die Quarkmasse in die Form einfüllen.

BACKZEIT: ca. 45 Min. im vorgeheizten Backofen bei 175 °C Umluft

BAISERMASSE: Eiweiß schlagen, dabei den Zucker langsam einrieseln lassen. Vorgebackene Torte aus dem Ofen nehmen, Ofenklappe geöffnet lassen.

FERTIGSTELLUNG: Die Baisermasse auf der Torte verteilen. Mit einem Teelöffel ein Muster hineindrücken und die Torte noch einmal für 20 Min. bei 100 °C trocknen lassen. Dabei darauf achten, dass die Oberfläche nicht verbrennt. Sie soll goldbraun aussehen. Wenn sie dunkler wird, Torte vorher herausnehmen. Die Käsetorte ca. 5 Min. etwas abkühlen lassen. Dann mit einem Zahnstocher Löcher in die Baisermasse stechen, damit die goldfarbenen Tröpfchen an die Oberfläche kommen können. Die Torte ganz auskühlen lassen und erst dann aus der Springform nehmen.

ZUTATEN

FÜR DEN TEIG:

250 g Margarine
200 g Zucker
2 P. Vanillinzucker
4 Eier
300 g Mehl
2 TL Backpulver

FÜR DIE FÜLLUNG:

1 l Milch
2 P. Vanillepuddingpulver
6 EL Zucker
1 Würfel Kokosfett
250 g weiche Margarine oder Butter
100 g Puderzucker
4 – 6 EL Erdbeerkonfitüre
1 EL Kakaopulver

FÜR DIE DEKORATION:

100 g Marzipanrohmasse
50 g Puderzucker
ca. 3 – 4 Tropfen rote Lebensmittelfarbe
1 P. Kuvertüre

Kommunionbuchtorte

ZUBEREITUNG

RÜHRTEIG: Margarine, Zucker, Vanillinzucker und Eier schaumig schlagen. Mehl und Backpulver vermischen und langsam unterrühren. Teig auf ein gefettetes oder mit Backpapier ausgelegtes Backblech geben, die Oberfläche möglichst glatt streichen.

BACKZEIT: im vorgeheizten Backofen bei 175 °C Ober- und Unterhitze (Umluft: 150 °C) ca. 25 – 30 Min. Auskühlen lassen.

FÜLLUNG: Für die Buttercreme Puddingpulver mit Zucker und etwas Milch vermischen, die übrige Milch aufkochen und die Mischung einrühren. Den Topf vom Herd nehmen, den Würfel Kokosfett in heißem Pudding auflösen, verrühren und kalt stellen. Ab und zu umrühren, damit sich keine Haut bildet. Dann die weiche Margarine (bzw.

Kommunionbuchtorte

Butter) mit Puderzucker schaumig rühren. Den Pudding EL-weise zur Butter-Puderzucker-Mischung geben. Wichtig: Alles muss die gleiche Temperatur haben, sonst gerinnt die Creme.

FERTIGSTELLUNG: Den Boden in 2 gleich große Platten schneiden. Einen Boden mit Erdbeerkonfitüre bestreichen, darauf die erste Schicht Buttercreme verteilen und den 2. Boden auflegen. Die beiden kürzeren Seiten der Torte schräg nach unten abschneiden (Torte soll oben schmaler sein als unten und aussehen wie ein aufgeschlagenes Buch). Tortenseiten mit Buttercreme bedecken und mit gezacktem Spatel Linien hineinziehen (für die „Buchseiten"). Tortenoberflächc mit Klarsichthülle abdecken. Die Tortenseiten durch ein Sieb mit Kakaopulver bestäuben, die Klarsichthülle abnehmen und dann die Oberfläche mit Creme bedecken.

DEKORATION: Für die Rosen Marzipanrohmasse mit Puderzucker und Lebensmittelfarbe verkneten. Für die Blütenblätter (s. Foto) kleine Stückchen Marzipan abreißen und zu einer kleinen runden Platten verkneten (ca. 2,5 cm Ø). Eine dieser kleinen Platten zu einer Rolle zusammenrollen. Die nächste Platte daran halten und leicht darum herumbiegen. So verfahren, bis die Rose die gewünschte Größe hat. Nach Belieben 4–6 Röschen formen und kreisförmig auf die linke Tortenseite setzen.
Zum Schluss die Kuvertüre in ihrer Plastikverpackung vorsichtig auflösen, dabei nicht zu heiß werden lassen. Nach Packungsanleitung den Ausguss abschneiden. Mit der Kuvertüre die Tortenmitte durch eine gerade Linie markieren, nach Belieben Datum der Feierlichkeit und den Namen schreiben und Torte individuell weiter verzieren.

ZUTATEN

FÜR DEN MÜRBETEIG:
500 g Mehl
250 g kalte Butter
125 g feiner Zucker
1 P. Vanillinzucker
2 kalte Eier
1 TL Backpulver (nach Belieben)

FÜR DIE FÜLLUNG:
1 l Milch
2 P. Vanillepuddingpulver
4 EL Zucker
28 g Kokosfett
400 g Butter
1 EL Kakao
4 Tröpfchen Rumaroma
2–3 EL Himbeer- oder Johannisbeergelee

Lagentorte

ZUBEREITUNG

MÜRBETEIG: Alle Zutaten miteinander verkneten. Nicht zu lange mit den Händen kneten, damit der Teig nicht warm wird. Dann die Teigrolle in 5 gleiche Stücke zerteilen. Jedes Teigstück ausrollen und übereinander auf Alufolie schichten (jeder Boden sollte vom nächsten durch Folie getrennt sein). Das Ganze für eine halbe Stunde in den Kühlschrank geben.

BACKZEIT: Böden nacheinander bei 180 °C 15–20 Min. im vorgeheizten Ofen backen – je nach gewünschtem Bräunungsgrad. Die noch warmen Böden sofort mit einem Pfannenmesser vorsichtig abheben, der dünne Boden bricht sofort. Die Böden gut abkühlen lassen.

FÜLLUNG: Aus Puddingpulver, Milch und Zucker einen Vanillepudding kochen. Im noch heißen Pudding das Kokosfett schmelzen lassen und gut verrühren. Wenn der Pudding genau wie die schaumig geschlagene Butter Zimmertemperatur hat, vorsichtig löffelweise zur Butter geben und dabei ständig rühren. Dann die Creme halbieren und die eine Hälfte mit Kakao mischen. Die andere mit Rumaroma verrühren.

FERTIGSTELLUNG: Abwechselnd lagenweise mit heller oder dunkler Creme oder Gelee bestreichen. Die oberste Schicht sollte dunkel sein. Dann die Tortenseiten mit heller Creme glätten. Mit einem Weinglas die Mitte und 4 Halbkreise am Rand markieren. Darauf Tupfen aus heller Buttercreme spritzen. Am besten schmeckt die Torte, wenn sie 2–3 Tage im Kühlschrank durchziehen kann.

Lagentorte

TIPP: *Wenn das Kokosfett im heißen Pudding aufgelöst ist, den Pudding zum schnelleren Abkühlen ins kalte Wasserbad stellen. Ab und zu umrühren, damit sich keine Haut bildet.*

Limonentorte

ZUTATEN

FÜR DEN TEIG:
400 g Marzipan-rohmasse
8 Eier

FÜR DIE FÜLLUNG:
400 g Frischkäse (möglichst fettarm)
3 EL Gelierzucker
200 g Limonen-Riesling-Fruchtaufstrich
ein Schuss Limonenlikör
etwas Zitronenschale
1 P. Gelatine
½ l Sahne

FÜR DIE DEKORATION:
2 Limonen
Zitronenmelisse

Limonentorte

ZUBEREITUNG

TEIG: Marzipan fein reiben und mit den Eiern schaumig rühren (mind. 10 Min. mit dem Rührgerät schlagen). Marzipan-Eier-Masse teilen und in 2 Springformen (26 cm Ø) füllen. Es geht auch mit nur einer Springform. Dann muss der Boden länger backen und anschließend waagerecht durchgeschnitten werden.

BACKZEIT: 20 Min. bei 175 °C Ober- und Unterhitze (Umluft: 150 – 160 °C). Auskühlen lassen.

FÜLLUNG: Frischkäse mit Gelierzucker und Fruchtaufstrich verrühren. (Alternativ zum Aufstrich kann man auch Zitronen-Konfitüre oder Riesling-Gelee wählen). Mit Limonenlikör und etwas Zitronenschale abschmecken. Die aufgelöste Gelatine dazugeben. Alles gut durchrühren und zum Schluss die geschlagene Sahne unterheben.

FERTIGSTELLUNG: Um den Boden einen Tortenring legen. Zwei Drittel der Füllung auffüllen und verteilen. Mit dem zweiten Boden bedecken. Torte kühl stellen. Vor dem Servieren mit dem letzten Drittel der Füllung die Torte rundherum bestreichen. Mit Limonenscheiben und Zitronenmelisseblättern garnieren.

INFO: *Der Kuchen enthält kein Mehl.*

Mascarpone-

ZUTATEN

FÜR DIE TORTE:

400 g Gewürzspekulatius
150 g weiche Butter
9 Blatt weiße Gelatine
500 g Mascarpone
500 g Magerquark
120 g Zucker
1 P. Vanillezucker
2 EL gemahlener Zimt
250 ml Sahne
1 P. Sahnesteif
ca. 1 EL Kakaopulver
16 Pralinen oder
Schokodekorblätter

FÜR ETWA 60
KROKANT-NUSS-PRALINEN:

135 g Krokant
400 g Marzipanrohmasse
130 g gehackte Walnüsse
8 EL Amaretto
20 g Puderzucker
100 g dunkle Kuchenglasur
100 g Vollmilchkuvertüre
100 g halbbittere Kuvertüre
60 g halbe Walnusskerne

Zimt-Torte mit Pralinen

Mascarpone-

ZUBEREITUNG

TORTENBODEN: Die Spekulatius fein reiben und mit der Butter zu einer glatten Masse verkneten. Einen Springformrand (28 cm Durchmesser) auf eine Servierplatte setzen, die Spekulatiusmasse hineingeben und festdrücken, so dass eine gleichmäßige Oberfläche entsteht. Den Boden kalt stellen.

TIPP: *Selbstgemachte Pralinen sind bei den meisten sehr beliebte Präsente. Besonders in der Vorweihnachtszeit lässt sich mit diesen appetitlichen süßen Mitbringseln gut punkten. Dazu selbst kleine Päckchen basteln und die Pralinen darin verstauen.*

INFO: *Zum Eintauchen der Pralinémasse in Schoko-Kuvertüre gibt es im Handel spezielle Pralinengabeln. Mit Holzstäbchen funktioniert es aber auch.*

Zimt-Torte mit Pralinen

CREMEFÜLLUNG: Gelatine nach Packungsanweisung einweichen. Sahne mit Sahnesteif schlagen. Magerquark, Mascarpone, Zucker und Zimtpulver in einer Schüssel glatt rühren. Gelatine nach Anweisung auflösen und mit ca. 2 EL der Creme glatt rühren, um sie etwas abzukühlen. Diese Masse gründlich mit restlicher Mascarponecreme mischen. Dann die geschlagene Sahne unterziehen und die Masse in die Springform auf den Spekulatiusboden füllen. Oberfläche glatt streichen und die Torte über Nacht kalt stellen.
Danach mit Kakaopulver bestäuben, dabei den Springformrand noch nicht lösen, so dass die Tortenseiten „kakaofrei" bleiben. Dann den Rand lösen, die Torte in 16 Stücke einteilen. Jedes mit einer Praline oder Schokodekorblättern verzieren.

PRALINEN: Die Marzipanrohmasse zerpflücken und mit gehackten Walnusskernen, Krokant und Amaretto verkneten: am besten erst mit den Knethaken des Handmixers in einer Schüssel, dann mit den Händen. Danach die Masse zu kleinen Rollen von ca. 2 cm Durchmesser formen, abdecken und 15 Min. kalt stellen. Währenddessen Kuchenglasur und Kuvertüren grob hacken und im warmen Wasserbad auflösen. Die Rollen der Pralinenmasse in ca. 1 ½ cm dicke Scheiben schneiden. Jedes Stück in die flüssige Kuvertürenmischung tauchen und auf ein mit Backpapier ausgelegtes Backblech setzen. Jeweils mit einer Walnusshälfte dekorieren. Pralinen kühl stellen, bis die Kuvertüre fest geworden ist. Am besten kann man sie in einer Dose mit Backpapier zwischen den Pralinenlagen kühl aufbewahren.

ZUTATEN

FÜR DEN BISKUITBODEN:
3 Eigelb
1 EL heißes Wasser
150 g Zucker
110 g Mohn
150 g Mehl
1 TL Backpulver
5 Tropfen Bittermandelöl
3 Eiweiß

FÜR DIE FÜLLUNG:
3 Becher Sahne à 200 ml
1 EL Zucker
200 g Marzipanrohmasse und
100 g Puderzucker
(oder eine fertige runde Marzipandecke)
Schokoladenplättchen

Mohntorte mit Marzipan

ZUBEREITUNG

BISKUITBODEN: Eiweiß steif schlagen, Eigelbe mit dem Mixer verquirlen, heißes Wasser und dann Zucker dazugeben. So lange mixen, bis er sich aufgelöst hat. Mehl mit dem Backpulver über die Eimasse sieben, Mohn, Bittermandelöl und Eischnee hinzufügen. Vorsichtig unterheben (nicht mit dem Mixer einarbeiten). Den Teig in eine gefettete Springform geben (26 cm Ø).

BACKZEIT: im auf 170 °C vorgeheizten Backofen ca. 15 Min. backen. In der Form auskühlen lassen.

FÜLLUNG/FERTIGSTELLUNG: Den Boden in 2 gleich dicke Hälften teilen. Sahne mit Zucker steif schlagen und 2 Drittel der Masse auf den unteren Boden geben. Den oberen Boden auflegen und die Torte oben und rundherum mit dem größten Teil der restlichen Sahne bestreichen. Puderzucker auf eine glatte Arbeitsfläche geben und mit der Marzipanrohmasse verkneten, dabei eine Kugel formen. Ein Nudelholz mit Puderzucker einstäuben und die Marzipanmasse rund ausrollen. Marzipandecke über die Torte legen und den Rand leicht andrücken. Die Oberfläche in Tortenstücke einteilen. Auf jedes Stück mit dem Spritzbeutel eine kleine Sahneverzierung spritzen und ein Schokoplättchen hineinsetzen.

TIPP: *Wenn Sie die Marzipanrohmasse mit dem Puderzucker verkneten, muss der Zucker vom Marzipan ganz „aufgesogen" werden. Die Marzipankugel und auch die anschließend ausgerollte Marzipandecke haben zuerst ein helles, mattes Aussehen. Später dunkelt die Decke nach und beginnt, leicht zu glänzen. Für ganz Eilige klappt es auch mit einer Fertig-Marzipandecke, die es im Handel zu kaufen gibt.*

Mohntorte mit Marzipan

Möhrentorte

ZUTATEN

FÜR DEN BODEN:
100 g Mehl
1 Msp. Backpulver
30 g Zucker
1 Prise Salz
75 g Butter

FÜR DEN BISKUITBODEN:
300 g Möhren
4 Eiweiß
1 Prise Salz
150 g Zucker
4 Eigelb
50 g Mehl
300 g gem. Haselnüsse
2 TL Backpulver

FÜR DIE FÜLLUNG:
4 EL Orangenmarmelade
2 Becher Sahne
2 P. Sahnesteif

FÜR DIE DEKORATION:
30 g gehackte Pistazien
Marzipanhasen oder -sterne zum Verzieren

Möhrentorte

ZUBEREITUNG

MÜRBETEIGBODEN: Aus den Zutaten einen Mürbeteig kneten. Den Teigkloß 10 Min. im Kühlschrank kalt stellen. Danach den Teig ausrollen und in eine gefettete oder mit Backpapier ausgelegte Springform (26 cm Durchmesser) legen.

BACKZEIT 1: ca. 10 Min. bei 175 °C. Auf einem Kuchengitter auskühlen lassen.

BISKUITBODEN: Möhren putzen und fein raspeln. Eiweiß mit der Prise Salz steif schlagen, ein Drittel der Zuckermenge einrieseln lassen. Eigelb mit restlichem Zucker cremig schlagen, mit gemahlenen Haselnüssen, Mehl, Backpulver und Möhrenraspeln unter den Eischnee heben (am besten von Hand, nicht mit dem Mixer). In eine gefettete oder mit Backpapier ausgelegte Springform (Größe wie oben) geben.

BACKZEIT 2: ca. 35 Min. bei 175 °C. Anschließend auskühlen lassen.

FÜLLUNG/FERTIGSTELLUNG: Mürbeteigboden mit der Hälfte der Orangenmarmelade bestreichen. Sahne mit Sahnesteif schlagen. Biskuit quer halbieren, eine Lage auf den Mürbeteigboden setzen, mit der restlichen Marmelade und der Hälfte der Sahne bestreichen. Die 2. Lage darauf setzen, die ganze Torte mit der restlichen Sahne bestreichen.

DEKORATION: Mit Pistazien und Hasen bzw. Sternen dekorieren.

ZUTATEN

FÜR DEN BISKUIT:
4 Eier, 4 EL lauwarmes Wasser
1 P. Vanillezucker
100 g Zucker
1 Fläschchen Butter-Vanille-Aroma
200 g Mehl
1 EL Speisestärke
1 Prisc Salz
2 TL Backpulver

FÜR DIE MOKKACREME:
¾ l Vollmilch
2 EL Zucker
2 P. Sahnepudding zum Kochen
1 Tafel Halbbitterschokolade
1 Tafel Mokkaschokolade
2 TL Instant-Kaffee
250 g Joghurt-Margarine
2 EL Puderzucker
1 Fläschchen Butter-Vanille-Aroma

FÜR DIE DEKORATION:
150 g Schokostreusel
ca. 30–35 Mokkabohnen

Mokkatorte

ZUBEREITUNG

BISKUIT: Eier, Wasser, Vanillezucker, Zucker und Aroma schaumig schlagen. Mehl, Speisestärke, Salz und Backpulver hinzufügen, alles gut verrühren. In eine Springform (26 cm Ø) geben.

BACKZEIT: ca. 25 Min. bei 200–220 °C (Umluft: 180–200 °C) goldbraun backen

MOKKACREME: Sahnepudding nach Packungsanweisung zubereiten. Beide Tafeln Schokolade in heißer Puddingmasse auflösen. Alles gut verrühren. Instant-Kaffee in 1 EL heißem Wasser auflösen und unterrühren. Die Masse erkalten lassen. Dann die weiche Margarine mit Puderzucker und Aroma schaumig schlagen und löffelweise in die erkaltete Mokkacreme einrühren.

FERTIGSTELLUNG/DEKORATION: Den Biskuitboden 2-mal durchschneiden und die Torte schichten. Auf den ersten Boden eine dünne Schicht Mokkacreme geben, dann den 2. Boden auflegen, darauf eine dickere Schicht Mokkacreme geben. Auch den Rand bestreichen. Den Rest der Creme in einen Spritzbeutel füllen und die Torte damit verzieren. Nach Belieben mit Schokostreuseln und Mokkabohnen dekorieren.

Mokkatorte

Mousse-au-chocolat-Torte

ZUTATEN

FÜR DEN RÜHRTEIG:

150 g Butter
75 g Zucker
1 P. Vanillinzucker
3 Eigelb
50 g Mehl
½ P. Backpulver
100 g gemahlene Mandeln
50 g gehackte Mandeln
100 g Zartbitterschokolade
3 Eiweiß für den Eischnee

FÜR DEN FRUCHTBELAG:

200 g Himbeerkonfitüre
1 EL Himbeergeist
1 P. roter Tortenguss
200 g TK-Himbeeren

FÜR DIE HELLE MOUSSE AU CHOCOLAT:

250 ml Sahne
50 g Vollmilchschokolade
1 P. Sahnesteif

FÜR DIE DUNKLE MOUSSE AU CHOCOLAT:

250 ml Sahne
50 g Zartbitterschokolade (85 % Kakaoanteil)
1 P. Vanillinzucker
1 P. Sahnesteif

FÜR DIE DEKORATION:

10 g dunkle Blockschokolade
12 Stücke kleine dünne Zartbittertäfelchen

Mousse-au-chocolat-Torte

ZUBEREITUNG

RÜHRTEIG: Gemahlene und gehackte Mandeln (getrennt voneinander) ohne Fett in der Pfanne bei mittlerer Hitze vorsichtig anrösten. Butter, Zucker, Vanillinzucker und Eigelb in einer Schüssel schaumig schlagen. Schokolade grob hacken, mit Mehl, Backpulver, gemahlenen und gehackten Mandeln mischen und alles kurz unter die Ei-Masse heben. Mit einem Schneebesen den Eischnee unterziehen. Teig in eine gefettete Springform (26 cm Ø) füllen.

BACKZEIT: ca. 20 Min. im vorgeheizten Backofen bei 160 °C (Umluft) oder 175 °C (Ober- und Unterhitze). Aus der Form lösen, auf einem Kuchengitter auskühlen lassen.

FRUCHTBELAG: Himbeerkonfitüre in einem Topf erhitzen, Himbeergeist und Tortenguss mit dem Schneebesen einrühren, dann die gefrorenen Früchte vorsichtig unterziehen (sie sollen nicht kochen). Einen flexiblen Springformrand um den Tortenboden legen, auf eine Servierplatte setzen. Die noch heiße Himbeermasse auf dem Tortenboden verteilen, die Oberfläche etwas glätten.

MOUSSE AU CHOCOLAT (HELL): Sahne erhitzen, Vollmilchschokolade unter Rühren darin auflösen, dabei die Flüssigkeit nicht mehr kochen lassen.

MOUSSE AU CHOCOLAT (DUNKEL): Sahne erhitzen. Zartbitterschokolade und Vanillinzucker unter Rühren darin auflösen. Die beiden noch sehr flüssigen Cremes abkühlen lassen. Danach zum vollständigen Erkalten in den Kühlschrank stellen.

FERTIGSTELLUNG: Beide Cremes mit je einem Päckchen Sahnesteif zu einer steifen Masse aufschlagen. Die hellere Creme glatt auf den Fruchtbelag streichen. Die dunklere Creme in einen

Spritzbeutel füllen und 12 Tupfer oben auf den Tortenrand setzen. Danach die Torte seitlich mit 2–3 Linien der Creme aus dem Spritzbeutel umranden. Oben in die Cremetupfer die Schokoplättchen setzen. Auf die Tortenmitte die Blockschokolade hobeln.

TIPP: *Die Mousses au chocolat kann man gut am Vortag kochen und sie erst kurz vor dem Servieren aufschlagen. Die Torte sollte dann sofort gegessen werden. Statt mit Himbeeren kann man die Torte auch mit Kirschen oder Preiselbeeren aus dem Glas zubereiten.*

Orangencremetorte

ZUTATEN

250 g Butter
150 g Puderzucker,
250 gehackte Mandeln
6 Eigelb
4 EL flüssige Sahne
3 – 4 EL Aquavit
60 Löffelbiskuits
4 – 5 Orangen (unbeh.)
250 ml Sahne zum Garnieren

Orangencremetorte

ZUBEREITUNG

ORANGENCREME: Butter, Zucker und Eigelb schaumig schlagen. Flüssige Sahne, Aquavit und Mandeln hinzufügen und alles gut verrühren. Den Schalenabrieb einer Orange dazugeben, nochmals umrühren. Restliche Orangen schälen und filettieren oder in Scheiben schneiden.

FERTIGSTELLUNG: Löffelbiskuits ganz kurz in Milch tunken und anschließend in einer großen Schüssel mit hohem Rand (ca. 25 – 26 cm Ø) auslegen. Die Hälfte der Orangencreme darauf geben, dann eine Lage Orangenfilets oder -scheiben und wieder eingeweichte Löffelbiskuits darauf schichten. Die restliche Orangencreme darauf verstreichen und mit dem letzten Löffelbiskuit abdecken.

DEKORATION: Bis zum Servieren kalt stellen (mindestens 12 Std. kühlen, damit sie fest wird und sich stürzen lässt). Nach dem Stürzen mit geschlagener Sahne und Orangenstückchen dekorieren.

ZUTATEN

FÜR DEN MÜRBETEIG:	FÜR DEN BISKUITTEIG:	FÜR DIE FÜLLUNG:	FÜR DIE DEKORATION:
50 g Zucker 100 g Butter oder Margarine 150 g Mehl	2 Eier 60 g Zucker 100 g Mehl ½ P. Backpulver 1 P. Schokoladenpudding (zum Kochen)	5–6 Pfirsiche 6 Blatt Gelatine 1 Zitrone 150 ml Eistee (Pfirsichgeschmack) 250 g Magerquark 200 g Mascarpone 100 g Zucker 2 Becher Sahne (à 200 g)	3 EL Aprikosen- oder Orangenkonfitüre 1 kl. Bund Zitronenmelisse

Pfirsich-Eistee-Torte

ZUBEREITUNG

MÜRBETEIG: Alle Zutaten verkneten und den Teig ca. 1 Std. kühl stellen. Teig dann dünn ausrollen und in eine Springform (28 cm Ø) geben.

BACKZEIT 1: bei 175 °C ca. 15 Min. (je nach Herdtyp). Auskühlen lassen.

BISKUITTEIG: Eier mit Zucker schaumig schlagen, alle übrigen Zutaten nach und nach dazugeben. Teig in eine Springform (Ø wie oben) geben.

BACKZEIT 2: bei 175 °C ca. 15–20 Min. Auskühlen lassen.

FÜLLUNG: Einen Pfirsich für die Dekoration ungeschält beiseitelegen. Restliche Pfirsiche kurz mit kochendem Wasser übergießen, 3–5 Min. ziehen lassen. Haut vorsichtig abziehen, entsteinen und in Stücke schneiden. Gelatine in Wasser einweichen und ausdrücken. Zitronensaft mit Eistee erwärmen, Gelatine darin auflösen. Die Flüssigkeit zusammen mit Quark, Mascarpone und Zucker verrühren. Geschlagene Sahne unterrühren, dabei ca. 5–6 EL Sahne für die Dekoration zurückstellen.

FERTIGSTELLUNG/DEKORATION: Den Mürbeteigboden mit Konfitüre bestreichen, den Biskuitboden darauf legen. Einen Tortenring um die Böden legen, die Pfirsichstücke fächerartig auf dem Biskuit verteilen. Die Füllung darüber geben. 3–4 Std. kühlen. Vor dem Servieren mit Sahnetupfern, Pfirsichstücken (ungeschält) und je nach Geschmack mit Zitronenmelisse garnieren.

Pfirsich-Eistee-Torte

Pflaumen-Vanille-Torte

ZUTATEN

FÜR DEN MÜRBETEIGBODEN:

50 g Zucker
100 g Butter
150 g Mehl

FÜR DEN BISKUITTEIG:

150 g Zucker
4 Eier
175 g Mehl
2 EL Öl,
1 TL Backpulver

FÜR DIE FÜLLUNG:

700 g frische Pflaumen
150 g Zucker
1 P. roter Tortenguss
1 P. Vanillepudding
zum Kochen
½ l Milch
2 EL Zucker
500 g Sahne
6 Blatt Gelatine
50 g Aprikosenkonfitüre

FÜR DIE DEKORATION:

200 g geschlagene Sahne
50 – 80 g weißbraune
Schokoladenraspel

Pflaumen-Vanille-Torte

ZUBEREITUNG

DIE PFLAUMEN für die Füllung bereits am Vorabend entsteinen, mit Zucker bestreuen und über Nacht Saft ziehen lassen.

MÜRBETEIGBODEN: Aus den angegebenen Zutaten einen Teig herstellen, 30 Min. kühl stellen, dann in eine gefettete oder mit Backpapier ausgelegte Springform (28 cm Ø) geben.

BACKZEIT 1: 10 Min. bei 180 °C im Umluftherd (Ober- und Unterhitze ca. 5 Min. länger) goldgelb backen. Auskühlen lassen.

BISKUITTEIG: Zucker mit den Eiern schaumig schlagen. dann die anderen Zutaten hinzufügen und zu einem glatten Teig rühren. In eine Springform (28 cm Ø) geben.

BACKZEIT 2: ca. 30–40 Min. bei 190 °C im Umluftherd (Ober- und Unterhitze ca. 5–10 Min. länger). Anschließend sofort in 2 gleich dicke Böden teilen.

FÜLLUNG: Den Saft der Pflaumen abschütten und mit dem Tortenguss andicken. Die Pflaumen unterheben. Dabei ein paar Früchte für die Dekoration zurückbehalten. Vanillepudding kochen, abkühlen lassen und geschlagene Sahne unterheben. Mit aufgelöster Gelatine binden.

FERTIGSTELLUNG/DEKORATION:

Den Mürbeteigboden mit Aprikosenkonfitüre bestreichen, einen Tortenring darum legen, den ersten Biskuitboden darauf legen und ein Drittel der Vanillesahne auf den Biskuitboden geben. Dann das Pflaumenkompott darauf verteilen. Dann das 2. Drittel der Vanillesahne auf die Pflaumen geben und einen Biskuitboden auflegen. Nun das letzte Drittel der Vanillesahne auf der Torte verteilen, alles glatt streichen und kühl stellen. Kurz vor dem Servieren den Tortenring lösen und mit Sahnetupfern, halben Pflaumen und weißbraunen Schokoraspeln verzieren.

Pumpernickeltorte

ZUTATEN

FÜR DEN TEIG:

100 g Margarine
100 g Zucker
2 Eier
100 g Mehl
½ TL Backpulver
250 g Pumpernickel
3 EL Rum

FÜR DIE FÜLLUNG:

1 Glas Sauerkirschen (750 ml)
1 P. Vanillepuddingpulver zum Kochen
300 g Zucker
500 g Quark
1 unbehandelte Zitrone
6 Blatt Gelatine
250 g Sahne
50 g Zartbitter-Raspelschokolade

Pumpernickeltorte

ZUBEREITUNG

RÜHRTEIG: Alle Zutaten (außer Pumpernickel und Rum) zu einem glatten Teig verarbeiten und in eine Springform (28 cm Ø) geben. Die Hälfte des Pumpernickels zerbröseln, mit Rum beträufeln und auf der Teigmasse verteilen.

BACKEN: bei 170 °C 20–25 Min. (Bei Umluft ca. 5 Min. weniger)

FÜLLUNG/FERTIGSTELLUNG: Kirschen abtropfen lassen, den Saft aufkochen und mit angerührtem Puddingpulver und 50 g Zucker andicken. Den aufgekochten Saft etwas abkühlen lassen und Kirschen unterheben. Dann Quark, 250 Zucker, etwas Zitronenabrieb und Zitronensaft in einer Schüssel verrühren. Gelatine auflösen und unter den Quark rühren. Danach die Sahne unterheben, bis alles glatt gerührt ist. Die angedickten Kirschen auf dem erkalteten Boden verteilen, die Quarkmasse darauf streichen und nach Geschmack garnieren: mit Sahnetupfern, Kirschen, Raspelschokolade und den restlichen Pumpernickelscheiben, die in kleine Dreiecke geschnitten werden.

ZUTATEN

FÜR DEN MÜRBETEIGBODEN:
200 g Mehl
80 g Zucker
1 P. Vanillinzucker
1 Ei
80 g Butter
150 g Schokoladenglasur

FÜR DIE FÜLLUNG:
¼ l Sahne
3 Eigelb
100 g Zucker
1 P. Vanillinzucker
200 g Butter
150 g Mandeln (gemahlen)
ca. 60 Löffelbiskuits
1/8 l Rum (40 %)

FÜR DIE DEKORATION:
¼ l Sahne
Rumkugeln
Schokoladen-raspel

Rumtorte

ZUBEREITUNG

MÜRBETEIGBODEN: Alle Zutaten (außer der Schokoladenglasur) mit dem Knethaken zu einem glatten Teig verarbeiten. 20 Min. kalt stellen. Den Boden einer gefetteten Springform (26 cm Ø) mit Teig auslegen, diesen mit einer Gabel mehrmals einstechen.

BACKZEIT: ca. 15 Min. bei 200 °C Ober- und Unterhitze (Umluft: ca. 180 °C). Boden auskühlen lassen, mit geschmolzener Schokoladenglasur überziehen, dabei nicht vom Boden der Springform lösen.

FÜLLUNG: Sahne, Eigelb, Zucker und Vanillinzucker vorsichtig unter stetigem Rühren erhitzen. Butter und Mandeln zugeben. Rühren, bis die Butter geschmolzen ist, und vom Herd nehmen.

FERTIGSTELLUNG: Schokoladenmürbeteig auf eine Tortenplatte und den Ring der Springform wieder um den Boden legen. Ein Drittel der Löffelbiskuits nebeneinander auf dem Boden verteilen, mit Rum beträufeln, dann darauf ein Drittel der Mandelcreme verteilen. Diesen Schichtvorgang 2-mal wiederholen, bis die Form ganz gefüllt ist. Torte mit Pergamentpapier abdecken, im Kühlschrank 3 – 4 Tage durchziehen lassen.

DEKORATION: Einige Stunden vor dem Servieren Sahne schlagen, Torte damit bestreichen, mit Sahne, Rumkugeln und Schokoladenraspeln verzieren.

Rumtorte

Schachbrett-Torte

ZUTATEN

FÜR DEN MÜRBETEIG:

50 g Zucker
100 g Butter
150 g Mehl

FÜR DEN BISKUIT:

4 Eier
120 g Zucker
1 P. Vanillezucker
1 Prise Salz
3 EL Wasser
50 g Mehl
50 g Speisestärke
20 g Kakaopulver

FÜR DIE CREME:

1 l Milch
60 g Speisestärke
4 EL Zucker
1 Prise Salz
1 Vanilleschote oder
2. P. flüssiges Vanillearoma
2–4 EL Rum
9 Blatt Gelatine
500 g Sahne

AUSSERDEM:

2–3 EL Aprikosenkonfitüre
400 g Sahne
1 P. Sahnesteif

Schachbrett-Torte

ZUBEREITUNG

MÜRBETEIG: Alle Zutaten zu einem Knetteig verarbeiten. 1 Std. kühl stellen, ausrollen und in eine Springform (28 cm Ø) legen. Mit einer Gabel mehrmals einstechen.

BACKZEIT: bei 180 °C 10–15 Min. (Boden muss gar sein, soll aber seine helle Farbe behalten). Auskühlen lassen.

SCHOKOBISKUIT: Eier trennen. Eigelb, Zucker, Vanillezucker und Salz verrühren. Das Wasser kochen und vorsichtig dazugeben, bis eine Creme entsteht. Eiweiß steif schlagen, dann alle anderen Zutaten mischen und alles vorsichtig unter die Creme heben. In eine Springform (28 cm Ø) geben.

BACKZEIT: bei 175 °C 50–60 Min. Auskühlen lassen, in 2 dünne Böden teilen.

CREME: Milch kochen. Stärke, Zucker und Salz mit etwas Wasser anrühren, zur Milch geben. Gut umrühren, damit keine Klümpchen entstehen. Mark einer Vanilleschote auskratzen und dazugeben (oder Vanillearoma). Nach Geschmack mit Rum abschmecken (Menge nach Belieben). Gelatine einweichen, auflösen und in die erkaltete Creme geben. Sahne steif schlagen und unterziehen.

FERTIGSTELLUNG: Mürbeteigboden mit Aprikosenkonfitüre bestreichen. Einen Tortenring umlegen. Einen der beiden Biskuitböden in fünf 2–3 cm dicke Ringe schneiden. Den 2. und 4. Ring auf den Mürbeteig setzen. Freie Flächen mit Creme füllen. Dann den 1., 3. und 5. Ring (Mittelkreis) auflegen. Freie Flächen wiederum mit Creme füllen. Mit dem 2. Biskuitboden ebenso verfahren. Dann die Torte mind. 6–8 Std. kühl stellen. Sahne mit Sahnesteif schlagen, den Tortenrand und die Oberfläche damit einstreichen. Torte mit Sahnetupfern garnieren. Wenn man sie aufschneidet, kommt ein Schachbrettmuster zum Vorschein.

TIPP: *Die Creme schmeckt auch ohne Rum. Dafür dann mehr Vanillearoma nehmen.*

Schmandtorte

ZUTATEN

FÜR DEN MANDELBISKUIT:
2 Eier
100 g Zucker
1 TL Vanillezucker
100 g Mehl
1 TL Backpulver
100 g gemahlene Mandeln

FÜR DEN HASELNUSSBISKUIT:
2 Eier
100 g Zucker
1 TL Vanillezucker
100 g Mehl
1 TL Backpulver
100 gemahlene Haselnüsse

FÜR DEN SCHOKOBISKUIT:
2 Eier
100 g Zucker
1 TL Vanillezucker
100 g Mehl
1 TL Backpulver
50 g dunkles Kakaopulver

FÜR DIE FÜLLUNG:
600 ml Sahne
3 P. Sahnesteif
3 EL Schmand
4 EL Zucker
4 EL Amaretto

FÜR DIE DEKORATION:
½ EL dunkles Kakaopulver
ca. 100 ml geschlagene Sahne

Schmandtorte

ZUBEREITUNG

MANDELBISKUIT: Eier, Zucker und Vanillezucker schlagen, bis sich der Zucker aufgelöst hat und eine weißliche dicke Creme entsteht. Mehl und Backpulver mischen und zusammen mit den Mandeln unterheben. Teig in eine Springform (28 cm Ø) füllen.

BACKZEIT: ca. 15 Min. im vorgeheizten Backofen bei 150 °C (Umluft)

HASELNUSSBISKUIT/SCHOKOBISKUIT: Beide Biskuits mit den angegebenen Zutaten auf die gleiche Weise zubereiten und backen wie oben. Im Umluftherd können alle 3 Böden gleichzeitig gebacken werden, bei Ober- und Unterhitze bei 175 °C nur nacheinander. Nach dem Backen die Biskuitböden aus der Form lösen und auf einem Kuchengitter auskühlen lassen.

FÜLLUNG/FERTIGSTELLUNG: Sahne mit Sahnesteif schlagen und Schmand mit Zucker glatt rühren. Dann den Mandelboden auf eine Tortenplatte setzen und einen flexiblen Tortenring darum spannen. Die Schmandmasse unter die geschlagene Sahne ziehen, die Hälfte der Schmandsahne auf den Mandelboden geben und die Oberfläche glatt streichen. Den Schokoboden darauf legen und mit Amaretto beträufeln. Mit der restlichen Schmandsahne bestreichen und den Haselnussboden aufsetzen. Die Torte für ca. 2 Std. kühl stellen. Vor dem Servieren mit dunklem Kakaopulver bestäuben. Nach Belieben mit Sahnetupfern verzieren.

ZUTATEN

FÜR DEN RÜHRTEIG:

65 g Margarine
65 g Zucker
65 g Mehl
1 Msp. Backpulver
1 Ei

FÜR DEN BISKUITTEIG:

5 Eier
150 g Zucker
1 P. Vanillezucker
100 g Mehl
25 g Speisestärke

FÜR FÜLLUNG UND DEKORATION:

250 g Himbeerkonfitüre
300 g Himbeeren
6–8 Blatt weiße Gelatine
200 ml Sekt (Piccolo)
500 g Schmand
75 Zucker
200 g Schlagsahne
2–3 Stängel Zitronenmelisse

Sekt-Charlotte

ZUBEREITUNG

RÜHRTEIG: Alle Zutaten in eine Schüssel geben und gut verrühren. Den Teig in eine Springform (28 cm Ø) füllen.

BACKZEIT/RÜHRTEIG:
bei 180 °C im Umluftofen 10 Min. (Bei allen anderen Herden: 5 – 10 Min. länger)

BISKUITTEIG: Eier, Zucker und Vanillezucker schaumig rühren, Mehl und Speisestärke einrieseln lassen und verrühren. Den Teig auf ein mit Backpapier ausgelegtes Backblech geben.

BACKZEIT/BISKUITTEIG:
Bei 175 °C 10 – 12 Min. (E-Herd 200 °C, Gas: Stufe 3)

Sekt-Charlotte

WEITERE ARBEITSSCHRITTE BISKUITTEIG: Ein Küchenhandtuch ausbreiten, mit etwas Zucker bestreuen und den fertigen Teig vom Blech darauf stürzen. Backpapier vorsichtig abziehen, den Biskuit mit ca. 200 g Konfitüre bestreichen und von der Längsseite aufrollen. Biskuitrolle auskühlen lassen und in 16 Scheiben schneiden.

WEITERE ARBEITSSCHRITTE RÜHRTEIGBODEN: Den Rührteigboden auf eine Tortenplatte legen und mit der restlichen Konfitüre bestreichen. Einen Tortenrand (oder Springform-Rand) um den Boden legen. Ca. die Hälfte der Biskuitscheiben dicht nebeneinander an den Formenrand setzen, die andere Hälfte nebeneinander in die Mitte legen.

FÜLLUNG/FERTIGSTELLUNG/DEKORATION: Gelatine in kaltem Wasser einweichen, Himbeeren putzen und waschen. Gelatine ausdrücken und erwärmen. Dann vorsichtig den Sekt dazugeben. Schmand mit Zucker mischen. Dann die Sekt-Gelatine vorsichtig unterrühren. Ca. 10–15 Min. kühl stellen. Die geschlagene Sahne, Himbeeren und die klein geschnittene Zitronenmelisse dazugeben (etwas Sahne, einige Himbeeren und einen Stängel Melisse zurückbehalten). Die Füllung ganz auf den Boden streichen und mind. 3 Std. kühl stellen. Vor dem Servieren mit den übrigen Himbeeren, Sahnetupfern und Zitronenmelisse-Blättchen garnieren.

TIPP: *Wer keine Himbeeren mag, nimmt eine andere Beerensorte. Auch mit Pfirsichen oder Weintrauben schmeckt die Charlotte wunderbar.*

Sommertorte

ZUTATEN

FÜR DEN MÜRBETEIG:

50 g Puderzucker
100 g Margarine
150 g Mehl

FÜR DEN BODEN:

1 P. Vollmilchkuvertüre
100 g Butter
200 g Knusper-Müsli-Mischung
(entweder fertig gekauft oder selbst hergestellt aus: Haferflocken, Krokant, Nüssen, Mandeln, Getreideflocken, Rosinen)

FÜR DIE FÜLLUNG:

10 Pfirsichhälften (aus der Dose)
1 P. Götterspeisepulver „Zitrone“ für ½ l Flüssigkeit (kein Instantpulver)
75 g Zucker
250 g Schmand
1 P. Vanillezucker
250 g Schlagsahne

FÜR DEN OBSTSPIEGEL:

200 ml Maracujasaft
3 P. Instant-Vanillesaucenpulver (Menge muss ausreichen, um 750 ml Flüssigkeit anzudicken)

FÜR DIE DEKORATION:

15-20 Melonenkugeln (aus Netz-,Galia- oder Honigmelonen)

mit Melonen

Sommer

ZUBEREITUNG

MÜRBETEIG:

Alle Zutaten zu einem Teig verkneten und ca. 10 – 15 Min. (je nach Herdtyp) bei 180 °C in einer Springform (28 cm Ø) backen.

torte mit Melonen

KNUSPER-MÜSLI-BODEN:
Einen Springformrand (28 cm Ø) auf den Mürbeteigboden legen. Butter bei schwacher Hitze schmelzen, etwas abkühlen lassen. In der Zwischenzeit den Mürbeteigboden mit Kuvertüre bestreichen. Zerlassene Butter mit Müsli mischen, dann die Knuspermischung auf dem Mürbeteigboden verteilen. Gut andrücken. Für eine Stunde in den Kühlschrank stellen.

FÜLLUNG:
Pfirsiche gut abtropfen lassen, den Saft auffangen. Götterspeisepulver und Zucker mischen. Mit 200 ml Pfirsichsaft verrühren. Unter ständigem Rühren erwärmen, bis alles aufgelöst ist (nicht kochen!). Auskühlen lassen. Die Hälfte der Pfirsiche in Stückchen schneiden, pürieren, mit Schmand und Vanillezucker verrühren. Götterspeise darunterrühren. Ca. 15 Min. kalt stellen, bis es zu gelieren beginnt. Sahne steif schlagen und unter die Götterspeisemasse heben.

FERTIGSTELLUNG:
Etwas Creme auf den Müsliboden streichen. Die restlichen Pfirsichscheiben darauf verteilen, darauf die restliche Creme verteilen. Mind. 4 Std. kalt stellen. Für den Obstspiegel Maracujasaft mit Vanillesaucenpulver verrühren und über den fertigen Boden gießen.

DEKORATION:
Melonen halbieren und Kugeln mit dem Teelöffel ausstechen. Melonenkugeln erst kurz vor dem Servieren auf den Fruchtspiegel legen.

ZUTATEN

FÜR DEN BISKUITBODEN:
5 Eier
250 g Zucker
5 EL heißes Wasser
250 g Mehl
1 TL Backpulver

FÜR DIE FÜLLUNG:
5 Eier, 100 g Zucker
12 Blatt weiße Gelatine
3 EL Rum, 3 EL Kirschwasser
30 g Krokant, 30 g Schokoladenblättchen
1 l Schlagsahne (¾ l in die Masse geben, ¼ l zum Garnieren)
Rohmarzipan (mit Puderzucker verkneten), am besten eine handelsübliche fertige Marzipandecke
14–16 Walnusshälften

Schlosstorte

ZUBEREITUNG

BISKUITBODEN: Eier nicht trennen, sondern zusammen mit dem Mixer sehr schaumig aufschlagen. Langsam Zucker und heißes Wasser hinzufügen. Mehl und Backpulver unterrühren. Alles in eine Springform füllen.

BACKZEIT: 35 Min. bei 200 °C. Auskühlen lassen.

FÜLLUNG: Eier aufschlagen und im Wasserbad mit dem Zucker schaumig schlagen und pasteurisieren (auf ca. 80 °C erhitzen). Eingeweichte Gelatine in die noch warme Masse geben und alles leicht fest werden lassen. Die gut gekühlte Schlagsahne steif schlagen. In die fest gewordene Eimasse das Kirschwasser geben, dann die Sahne unterheben und vorsichtig mit Krokant und Schoko-Blättchen vermischen.

FERTIGSTELLUNG/DEKORATION: Biskuitboden 2- oder 3-mal durchschneiden. Einen Boden auf eine flache Tortenplatte legen und einen Tortenring darum legen. Abwechselnd die Füllung und den Biskuitboden schichten. Die Torte anschließend im Kühlschrank fest werden lassen. Zum Schluss mit einem heißen Messer den Tortenring vom Kuchen lösen und die Marzipandecke auflegen. Überstehende Reste abschneiden (kann für Plätzchen verwendet werden). Mit Sahnetupfern aus dem Spritzbeutel und Nusshälften garnieren.

Schlosstorte

TIPP: *Wer auf die Marzipandecke verzichten möchte, kann stattdessen kleine Marzipanstreifen oder Dekorblätter nehmen.*

Zitronen-Himbeer-Sahnetorte

ZUTATEN

FÜR DEN BISKUITBODEN:
4 Eier
4 EL heißes Wasser
200 g Zucker
200 g Mehl
2 TL Backpulver
1–2 TL Kakaopulver

FÜR DIE FÜLLUNG:
5 Becher Sahne (à 200 ml)
Zucker nach Geschmack
Saft von 1 Zitrone
200 g frische oder TK-Himbeeren
2–3 Blatt Gelatine
oder 1 Tütchen Sahnesteif
1 Schnapsglas Maraschino-Likör

FÜR DIE DEKORATION:
100 g gehackte Mandeln
30 g Butter
2 P. Vanillezucker
16 Zitronenscheiben
16 Himbeeren

Zitronen-Himbeer-Sahnetorte

ZUBEREITUNG

BISKUITBODEN: Eier und Wasser mit dem Handrührgerät schaumig rühren. Zucker hinzugeben und alles zu einer dickflüssigen schaumigen Eimasse verrühren. Mehl mit Back- und Kakaopulver darüber sieben und vorsichtig mit dem Schneebesen unterheben. Den Teig in eine mit Alufolie ausgelegte Springform (28 cm Ø) geben.

BACKZEIT: bei 175 °C ca. 35–40 Min. Auskühlen lassen.

WEITERE ARBEITSSCHRITTE: Für den Krokant gehackte Mandeln mit Butter und Vanillezucker in einem Topf hellbraun rösten. Den Biskuitboden 2-mal quer durchschneiden.

FÜLLUNG: Sahne mit dem Zucker steif schlagen und in 3 Portionen teilen. Einen Teil der Sahne mit dem Zitronensaft verrühren. 16 Himbeeren beiseitelegen, die restlichen Himbeeren mit dem 2. Sahnedrittel verrühren, evtl. 2–3 Blatt Gelatine oder Sahnesteif hinzufügen.

FERTIGSTELLUNG/DEKORATION: Einen Boden mit Himbeersahne bespritzen, den 2. Boden auflegen, mit Zitronensahne bestreichen und mit dem 3. Boden bedecken. Restliche Sahne mit dem Likör verrühren und den Kuchen an Rand und Oberfläche einstreichen. Jedes Tortenstück mit einem Maraschino-Sahnehäubchen bespritzen und mit Zitronenscheiben, Himbeeren und Mandelkrokant garnieren.

Schnupper-Rezept

Ente im Salzmantel

ZUTATEN *(für 4 Personen)*

1 Ente
2 EL Öl
ca. 150 g Salz, Salbei, Rosmarin, Paprika, Pfeffer
1 – 2 Zwiebeln
100 g Butter
2 EL Honig
50 g Mandelsplitter
1 kleine Dose Aprikosen
100 ml Marsala oder Rotwein

ZUBEREITUNG

DIE ENTE zuerst mit Öl, dann üppig mit Salz einreiben. Für 40 Minuten bei 200 °C in den vorgeheizten Backofen geben, danach etwas abkühlen lassen und das Salz abkratzen. Die Ente mit den Gewürzen bestreuen.

FÜR DIE MARINADE die Zwiebeln abziehen, fein schneiden und in Butter und Honig glasig dünsten. Die Aprikosen dazugeben, den Wein angießen und das Ganze 5 Minuten garen. Die Ente damit befüllen und in eine Auflaufform setzen. Den restlichen Sud von der Marinade darüber gießen und die Ente für 40 Minuten bei 200 °C in den Backofen geben. Danach die Ente im ausgeschalteten Backofen über Nacht ziehen lassen. Am nächsten Tag noch einmal für 30 Minuten bei 200 °C braten.

Ente im Salzmantel

machbare Rezepte der „Leckere …" Erfolgsreihe.

Schnupper-Rezept

Mandelkuchen

ZUTATEN

FÜR DEN TEIG:
100 g Butter, 75 g Zucker
3 Eier, 200 g Mehl
1 gestr. TL Backpulver

FÜR DEN BELAG:
100 g Butter, 100 g Zucker
200 g gehobelte Mandeln
2 – 3 EL Honig

ZUBEREITUNG

FÜR DEN TEIG die zimmerwarme Butter mit dem Zucker so lange glatt rühren, bis sich der Zucker aufgelöst hat. Dann die Eier einzeln dazugeben. Das nächste Ei immer erst hinzufügen, wenn eine glatte Masse gerührt ist. Zum Schluss kurz Mehl und Backpulver unterziehen. Eine Springform (28 cm Durchmesser) mit Butter ausstreichen, den Teig hineingeben und die Oberfläche glatt streichen.

FÜR DEN BELAG die Butter in einer Pfanne schmelzen, den Zucker dazugießen. Er soll sich auflösen, aber nicht karamellisieren. Den Ofen auf 175 °C (Umluft) vorheizen. Zum Schluss die Mandeln unter die Zucker-Butter-Mischung ziehen. Die Mandelmasse auf dem Teig verteilen und den Kuchen etwa 20 Minuten backen. Die Oberfläche soll goldgelb aussehen. Den Honig auf dem noch heißen Kuchen verteilen und auskühlen lassen.

Leckere
Schnelle Rührkuchen
96 Seiten, Spiralbindung
€ 9,95
ISBN: 978-3-7843-5093-6

… und 36 weitere

Mandelkuchen

praktische Rezepte der „Leckere …"-Erfolgsreihe.

LV·Buch

Wir lieben das Landleben.

... einfach

Tolle Rezepte zu den verschiedensten Themen. Keine überladenen Ideen,

Leckere
Torten-Träume 1
ISBN
978-3-7843-5025-7

Leckere
Torten-Träume 2
ISBN
978-3-7843-5182-7

Leckere
Festtags-Torten
ISBN
978-3-7843-5092-9

Leckere
Schnelle
Rührkuchen
ISBN
978-3-7843-5093-6

Leckere
Kuchen-Desserts
ISBN
978-3-7843-5035-6

Leckere
Nudel-Salate
ISBN
978-3-7843-5080-6

Leckere
Saftige Braten
ISBN
978-3-7843-5158-2

Leckere
Wild-Rezepte
ISBN
978-3-7843-5091-2

Leckere
Grill-Rezepte
ISBN
978-3-7843-5250-3

Leckere
feine Suppen
ISBN
978-3-7843-5074-5

Leckere
Marmeladen-
Rezepte
ISBN
978-3-7843-5126-1

Leckere
Erdbeer-
Zaubereien
ISBN
978-3-7843-5127-8

Erhältlich in jeder Buchhandlung
oder unter www.buchweltshop.de

LV·Buch im Landwirtschaftsverlag GmbH
48084 Münster

sondern einfache, kreative Gerichte. Mit praktischer Spiralbindung!

Leckere
Klassische
Mehlspeisen
ISBN
978-3-7843-5251-0

Leckere
Herzhafte Kuchen
ISBN
978-3-7843-5044-8

Leckere
Kartoffel-Rezepte
ISBN
978-3-7843-5105-6

Leckere
Hackfleisch-
Rezepte
ISBN
978-3-7843-5090-5

Leckere
Schokoladen-
Sünden
ISBN
978-3-7843-5076-9

Leckere
Salat-Genüsse
ISBN
978-3-7843-5075-2

Leckere
Pilz-Rezepte
ISBN
978-3-7843-5125-4

Leckere
Kürbis-Rezepte
ISBN
978-3-7843-5220-6

Leckere
Lieblings-Aufläufe
ISBN
978-3-7843-5221-3

Leckere
deftige Eintöpfe
ISBN
978-3-7843-5222-0

Die Leckere-Kochbuchreihe:
Unsere beliebte Sammlerreihe zeichnet sich durch ihre absolute Praxistauglichkeit aus. Die Rezepte sind bestens erprobt, einfach nachzukochen und vermeiden abgehobene Zutaten und Utensilien. Die praktische Ringbindung ist perfekt für den Küchenalltag. Das Format findet in jeder Küche Platz.
96 Seiten, Spiralbindung.
Jeder Band nur € 9,95.

Leckere
Einfache
Nachspeisen
ISBN
978-3-7843-5149-0

Leckere
Grünkohl-Rezepte
ISBN
978-3-7843-5138-4

Leckere
Spargel-Rezepte
ISBN
978-3-7843-5073-8

Landwirtschaftsverlag Münster

LV·Buch
im Landwirtschaftsverlag GmbH,
48084 Münster

2. Auflage 2013

Impressum

FOTOS:
Atelier Dagmar Ossig, Münster,
Seiten 51, 59, 95.

Nitschke Fotografen, Bielefeld,
Seiten 60, 68.

Detlef Güthenke, Gütersloh,
Seiten 15, 19, 23, 32, 40, 44, 47, 52, 63, 72, 76, 79, 96.

Schlag & schmitz GmbH, Emsdetten,
Seiten 7, 11, 20, 24, 28, 36, 55, 64, 71, 80, 84, 87, 91.

LEKTORAT:
Sabine Deing-Westphal, Rhede

GESTALTUNG:
Monika Wagenhäuser, LV·Buch

DRUCK:
Griebsch & Rochol Druck GmbH & Co. KG,
Hamm

ISBN 978-3-7843-5092-9